Pour Dean, un gars vraiment amusant — J. K.

Pour mon père — E. S.

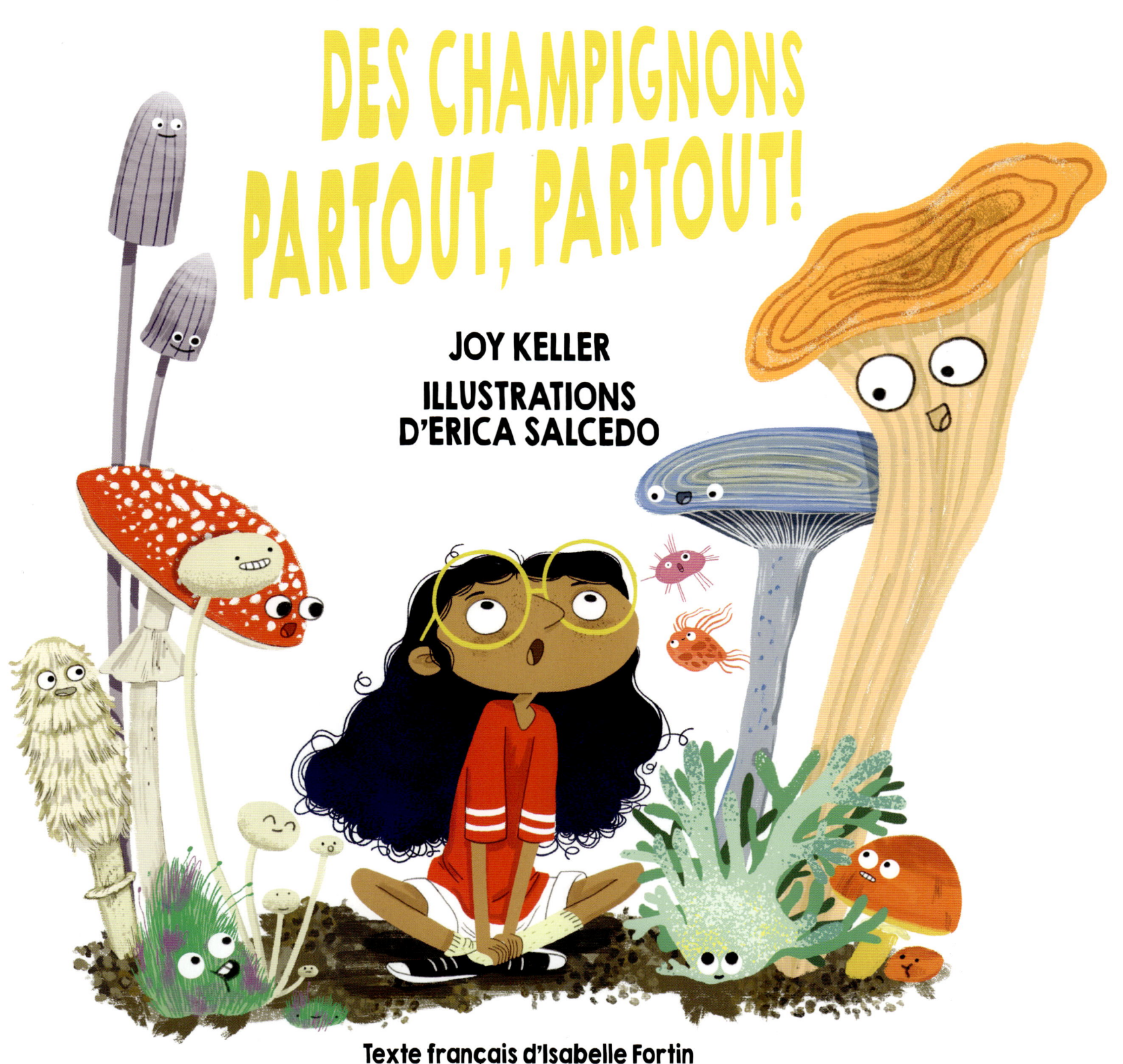

DES CHAMPIGNONS PARTOUT, PARTOUT!

JOY KELLER

ILLUSTRATIONS D'ERICA SALCEDO

Texte français d'Isabelle Fortin

SCHOLASTIC

Il fait beau.
C'est la journée parfaite
pour une balade en forêt.

Mais quelle est cette chose sans feuilles
et toute pâle qui pousse sur ce tronc?

Tu t'accroupis pour voir.
Quelle surprise d'apercevoir
ce chapeau... ce pied... ces lamelles!

Un champignon pousse maintenant
parmi nous. C'est si étrange
que tu en frissonnes.

Écailles

Chapeau

Lamelles

Pied

Même s'ils ne sont
ni des plantes ni des animaux,
les champignons sont VIVANTS!

Et tu peux essayer de les fuir...
MAIS TU NE LEUR ÉCHAPPERAS PAS!

Les champignons ne sont pas des plantes. Ils font partie d'un groupe à part qui comprend aussi les moisissures et les levures. Certains sont des organismes microscopiques unicellulaires alors que d'autres forment d'immenses systèmes souterrains qui s'étendent sur des milliers d'hectares. Même si les scientifiques continuent de découvrir de nouveaux champignons, on estime actuellement qu'il en existe entre 2,2 et 3,8 millions d'espèces.

Le jardin semble sécuritaire.
Inspecte-le de plus près,
si tu en as le courage.

Les champignons ne peuvent produire
eux-mêmes leur nourriture, comme les plantes.
Ils se nourrissent donc de matière vivante ou qui l'a
été, comme ce tas de bois dans ton jardin. Puisque
les champignons ne peuvent pas se déplacer pour
chercher leur repas, ils vivent directement sur leur
source de nourriture.

Tu verras d'autres champignons apparaître.
JUSTE LÀ! ET LÀ! ET LÀ!

Ta propre cour,
si verte de verdure,
regorge aussi de champignons.

Tu ne peux pas aller
à gauche... ni à droite...
PARCE QU'ILS T'ENCERCLENT!

La partie visible n'est en fait que le fruit du champignon. Le reste pousse sous terre. Tant que rien ne freine sa croissance, le champignon s'étend en cercle autour de sa source de nourriture. Certaines espèces de champignons apparaissent également en cercle. Il y a longtemps, les gens pensaient que ces anneaux de champignons étaient le fruit de la magie. Ils les ont donc appelés « cercles de fées » ou « ronds de sorcières ».

Le lichen n'est pas qu'un champignon.
Il est composé d'une algue et d'un
champignon (ou parfois d'une cyanobactérie
et d'un champignon), qui vivent en symbiose,
c'est-à-dire qu'ils évoluent mieux ensemble
que séparément. L'algue produit de
la nourriture pour le champignon.
Par contre, personne ne sait vraiment ce
que le champignon fait en retour, mais des
scientifiques pensent qu'il protège l'algue.

Vite, grimpe dans cet arbre!
Sauve-toi des champignons au sol.

Mais BEURK! Ces choses vertes dans les arbres
sont aussi des champignons, tu sais.

Tu commences à avoir chaud.
Ton cœur s'emballe.
Le danger est partout.

Cent millions de minuscules SPORES
se déplacent dans l'air!

Les spores sont de minuscules
cellules à l'apparence de graines
qui poussent sur les champignons.
Elles sont transportées par le vent,
l'eau et même les animaux.

Reprends ton souffle.

Ça y est, tu es enfin chez toi. Tu penses avoir laissé les champignons derrière toi.

Mais dans la noirceur
de ton frigo, qui sait
ce que tu pourrais
trouver...

Les moisissures sont ces petits
champignons duveteux qui poussent
sur la matière en décomposition,
comme cette vieille compote
de pommes au fond de ton
réfrigérateur.

Tu t'enfermes
dans la salle de bain
et te recroquevilles
dans le noir.

Mais il te suffit
d'allumer la lumière pour trouver
UN CHAMPIGNON DANS TA DOUCHE!

Certaines moisissures se
développent dans les endroits
chauds et humides, comme les
espaces entre les carreaux
de ta douche.

Est-ce que ça va?
Tu sembles pâle.

Ce n'est peut-être pas
le moment de te dire que
DES CHAMPIGNONS VIVENT SUR TOI!

Ton corps est un délicieux buffet
pour toutes sortes de champignons.
Même les gens en pleine santé
ont des champignons sur leur
peau et dans leur système
digestif. Ces champignons ne
sont problématiques que si leur
croissance devient hors de contrôle.
Ils entraînent alors des problèmes
comme les pellicules.

Mais attends! Ne t'évanouis pas!
Ça va aller. La chasse est
presque terminée.

Et ces champignons ne sont pas
tous horribles. Certains veulent
même être tes amis!

N'aie pas peur de t'aventurer là où ton père prépare à dîner.

Devine ce qu'il y aura sur ta pizza! Je parie que tu t'en doutes...

Les champignons de Paris que tu trouves sur ta pizza sont les champignons comestibles les plus courants. Mais il en existe bien d'autres délicieuses variétés : shiitakés, portobellos et pleurotes, pour n'en nommer que quelques-uns.

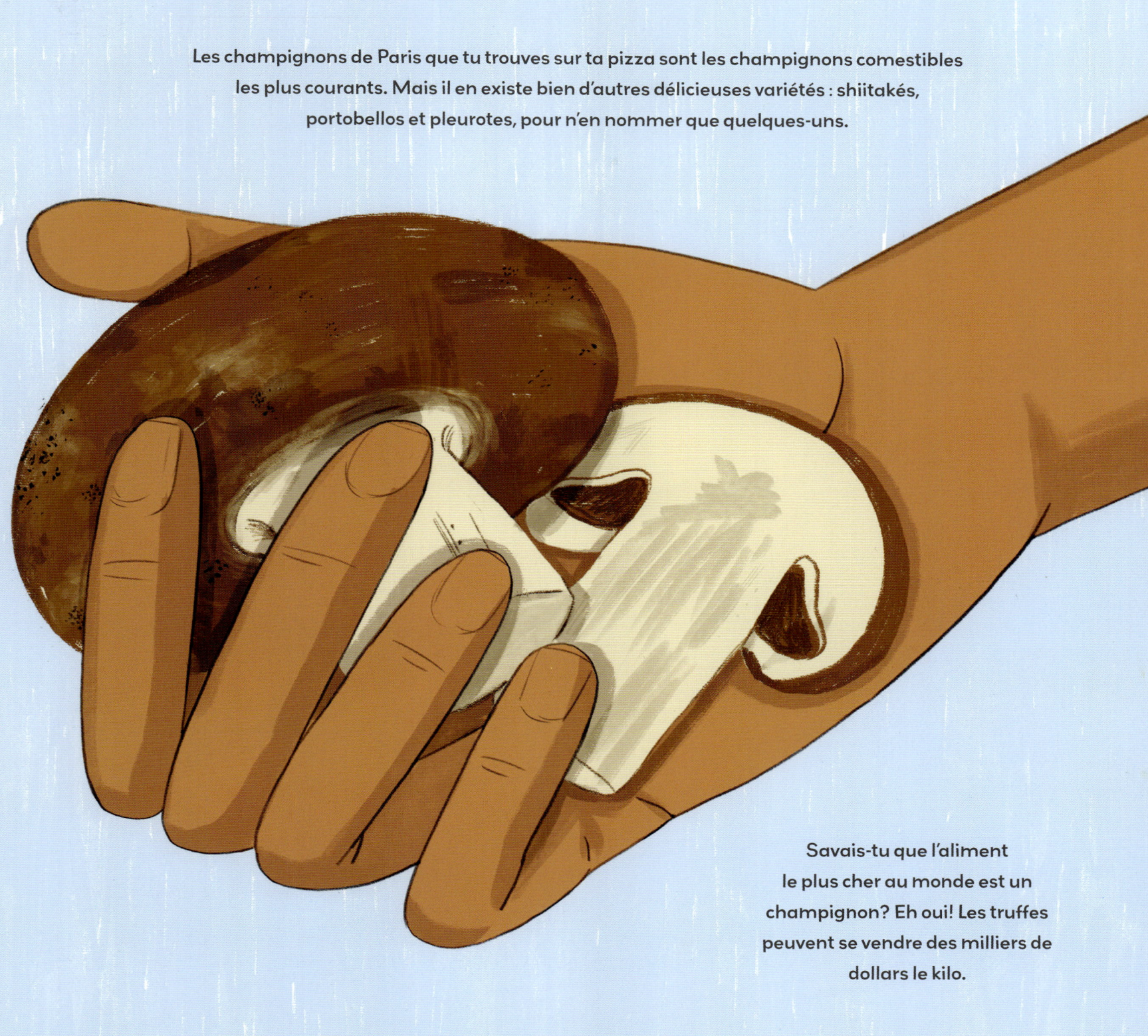

Savais-tu que l'aliment le plus cher au monde est un champignon? Eh oui! Les truffes peuvent se vendre des milliers de dollars le kilo.

Mais ce n'est pas tout!
Tu vas trouver une surprise
amusante sous le fromage.

En effet, la pâte à pizza contient
tu-sais-quoi; la levure sert
à faire lever la pâte.

Les levures sont
des champignons
unicellulaires. Même si tu
ne peux pas les voir, ils sont un
ingrédient important de plusieurs
de tes plats préférés. Quand on ajoute
de la levure à la pâte à pain ou à pizza,
la pâte gonfle et forme des bulles, ce qui rend
le produit final léger, moelleux et délicieux.

Tu vas maintenant porter
les résidus alimentaires
dans le compost.

Avec l'aide des champignons,
ils vont se transformer en terre
(il suffit d'attendre un peu).

Les champignons décomposent et mangent la matière
morte ou en train de se dégrader comme les feuilles mortes,
le bois pourri et les vieux aliments dans ton bac à compost.
Ce processus permet de transformer la matière en terre
riche en nutriments qui aide les plantes à pousser.

Tes fleurs poussent
en rangées ordonnées.
Va les sentir!

D'après toi, qui garde le sol
si beau et propre? L'équipe
de champignons nettoyeurs!

Si les champignons et autres décomposeurs n'existaient pas, le monde serait couvert de plantes et d'animaux morts. Imagine si les feuilles qui tombent s'empilaient année après année! Les champignons sont les gardiens de la terre depuis au moins 400 millions d'années, peut-être plus.

C'est l'heure de reprendre
ta balade en forêt.
Tout va bien.

Et regarde! Ce tamia semble
bien aimer sa collation
de champignons.

Les champignons sont une source importante de nourriture pour beaucoup d'animaux. Les mammifères tels que les écureuils et les tamias mangent des champignons, tout comme les insectes, les limaces et les escargots. Certaines espèces de fourmis, de termites et de coléoptères cultivent même leurs propres champignons!

À la maison.
Dans la cour.
Dans ton assiette.
Sur toi.

Les champignons sont-ils PARTOUT?

Eh bien, oui!
ON NE PEUT PAS LEUR ÉCHAPPER...

Mais n'est-ce pas merveilleux qu'ils soient là?

Rencontre avec une mycologue

Sara Branco est mycologue. C'est une scientifique qui étudie les champignons à l'université d'État du Montana. Quand elle n'est pas occupée à faire des recherches au Branco Lab, elle donne des cours sur les champignons et les créatures microscopiques comme les bactéries. Elle va maintenant t'en apprendre un peu plus sur les champignons!

1. Pourquoi as-tu décidé de devenir mycologue?

Je suis tombée amoureuse des champignons à l'âge de 16 ans. Un jour d'automne, je suis allée faire une randonnée en forêt près de la maison de mes parents. J'y ai vu plus d'une centaine d'espèces de champignons! Comme j'allais à cet endroit depuis que j'étais toute petite, j'ai été vraiment étonnée d'apercevoir ces champignons pour la première fois. Où se cachaient-ils jusqu'alors? C'est à ce moment que j'ai décidé de devenir mycologue, pour comprendre où et comment les champignons vivent.

2. Que fait un mycologue, exactement?

Le mycologue étudie la biologie des champignons. Il fait des recherches sur la manière dont ceux-ci se développent, se reproduisent et interagissent avec leur environnement. J'ai donc l'occasion de voir des endroits étranges! J'étudie actuellement les champignons qui poussent dans les sols contaminés par des métaux lourds et ceux qui vivent dans les sources chaudes du parc national de Yellowstone. Ces sources ont une eau très chaude dont la chimie affecte le sol environnant. Je cherche à comprendre comment les champignons tolèrent ces conditions difficiles. Puisque beaucoup de champignons sont très petits ou passent la majeure partie de leur vie cachés, nous devons utiliser des outils comme les microscopes et les techniques d'ADN pour les comprendre.

3. Comment étudies-tu les champignons?

Pour les étudier, j'utilise une combinaison d'approches : sur le terrain, en laboratoire et à l'aide de l'informatique. Je vais cueillir des champignons (ce qui est certainement la partie la plus amusante de mon travail!), que je rapporte au laboratoire. Je travaille avec d'autres chercheurs et, ensemble, nous cultivons des champignons dans des boîtes de Petri pour comprendre comment ils poussent dans la nature. Par exemple, nous avons cultivé des champignons dans différentes conditions pour comprendre comment ils tolèrent les environnements uniques du parc national de Yellowstone.

4. Quel est le champignon le plus bizarre que tu aies vu?

J'ai vu beaucoup de champignons étranges! Mais le clathre rouge est particulièrement bizarre. Ce champignon commence par un œuf blanc et se développe en une sorte de treillis rouge, formant une boule vide. Il dégage une odeur nauséabonde de chair en décomposition qui attire les mouches et d'autres insectes, lesquels aident à répandre les masses de spores gluantes du champignon.

5. Quelle taille ont la plupart des champignons?

Ils peuvent être aussi petits que gros! Par exemple, la levure de boulangerie est unicellulaire, c'est-à-dire que chaque organisme est constitué d'une minuscule cellule unique. D'autres espèces forment un réseau de cellules qui peut devenir très, très grand. En fait, le plus grand organisme de la planète est un champignon. Il s'agit de l'armillaire bulbeuse, qui couvre plus de 30 hectares (30 000 mètres carrés!). Ce champignon est également le plus ancien organisme connu. Selon les scientifiques, il aurait environ 2 500 ans.

6. Quel fait devrions-nous connaître sur les champignons?

La plupart des gens pensent que les champignons sont comme les plantes, mais ils ressemblent davantage aux animaux.

Photos

Photo 1 : Krisztine Gat et Amelaure Pothin

Photos 2, 3 et 4 : Sara Branco

Si tu veux en savoir plus sur les champignons,
demande à un adulte de t'aider à trouver des ressources
à la bibliothèque ou en ligne!

Catalogage avant publication de Bibliothèque et Archives Canada

Titre: Des champignons partout, partout! / Joy Keller ; illustrations d'Erica Salcedo ;
texte français d'Isabelle Fortin.
Autres titres: Fungus is among us! Français.
Noms: Keller, Joy auteur | Salcedo, Erica, 1983- illustrateur.
Description: Traduction de : Fungus is among us! | Comprend des références bibliographiques.
Identifiants: Canadiana 20230498876 | ISBN 9781039704282 (couverture souple)
Vedettes-matière: RVM: Champignons—Ouvrages pour la jeunesse. | RVM: Levure—Ouvrages pour la jeunesse. |
RVM: Lichens—Ouvrages pour la jeunesse. | RVMGF: Albums documentaires.
Classification: LCC QK603.5 .K4514 2024 | CDD j579/.5—dc23

Édition publiée par les Éditions Scholastic, 604, rue King Ouest, Toronto (Ontario)
M5V 1E1, Canada, avec la permission de The Innovation Press.

5 4 3 2 1   Imprimé en Chine 38   24 25 26 27 28

Illustrations de la couverture : Erica Salcedo
Mise en pages : Tim Martyn

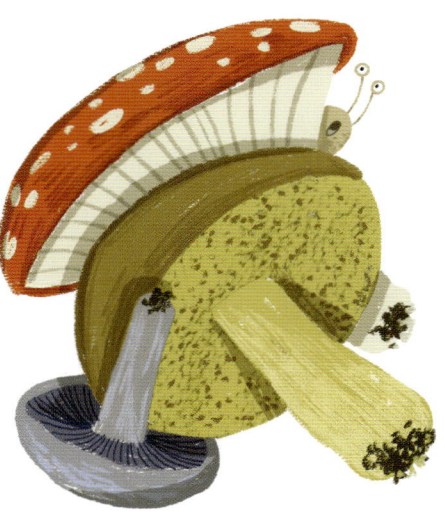